本书惠承乐俊民严赛虹基金会赞助出版

The publication of this anthology is sponsored by
Iris and Junming Le Foundation

自选诗 100 首

Selected Poems

（2015—2024）

思渊堂文集·卷三

邱辛晔 著

易文出版社

I Wing Press, New York

Selected Poems 100 *(2015-2024)*

By Qiu Xinye

Published by I Wing Press, New York
iwingpress@gmail.com
August 2024, First Edition, First Printing
ISBN： 978-1-961768-05-5

思渊堂文集 • 卷三

自选诗 100 首 2015-2024

邱辛晔　著

封面作品：李　枪
装帧设计：王昌华
出 版 人：冰　寒

出　　版：易文出版社 • 纽约
版　　次：2024 年 9 月第一版，第一次印刷
字　　数：20 千字
定　　价：$25.00

诗人邱辛晔的"诗百首"是其近10年来创作的一部自选诗集。蕴华沉稳的智性诗的风格得以明显敞开，人生、亲情、族群、人类乃至浩瀚的宇宙，无不临在于真理的命运轨迹，从多难的铁链女到移民史，从一口古井、一只猫到过红海到法拉盛街头…，在共情领受当代历史、形而上乡愁之同时，我们也被邀请到汉语作为母语的苦涩处境中冷峻地沉思。这些从元语言生发的"痛苦的批判"（诗人语），意味着智性诗并不止于某种风格标识，而在于诗的真理性追求维度，亦在于对诗性真理尺度之艰难葆守。正如海德格尔《路标》中所言喻"真理性的本质，揭示自身的自由。自由乃是绽出的，解蔽着的让存在者存在。"凡不可言说者，诗人尽数交还给了自由的诗的灵魂。

—— 岛子，诗人、艺术家、艺术评论家

邱辛晔是一位"晚到的诗人"，其新诗写作还不到十年时间，却已呈现出一个清晰的智性诗人的面目，可见他也是一个有着明确风格追求和写作自觉的诗人，并在近十年的持续写作中获得令人惊异的语言风格化特征：平实、简洁、俏皮、冷幽默、反讽，他的很多诗都简短有力，又暗含机锋，与他干脆、利落、风趣的诗人形象形成互证关系。这些使得他的诗获得了某种"性感的姿势"（诗人的诗句）。阅读它们是一个愉快的旅程，有很多会心一笑的时刻。作为一个老移民，他用减省的诗句展开对"真实的热情追求"（米沃什语），以一种批判的精神触及当下时代、异乡和故国的种种问题和荒诞，"二月的墨水"在他这里是痛楚和哀伤之后的清醒和张力，智性变成了智慧的热情，写出的诗篇则成为了对一个时代和他个人移民生活的真实记录，这些记录弥足珍贵，而这一切可能得益于他的信仰和被"喂养的价值观"（诗人诗句），以及他多种文化的世界性的视野。

—— 王键，诗人

辛晔兄称自己的诗为"智性诗"，智性二字，立刻使我想到博尔赫斯的随笔和小说，那就是短小精悍，以奇思妙想为支撑，辅以深厚的生活体验和观察，勾连古今，纵横中外，从世相和个人经验的细节中，看出那些矛盾、荒诞、富有启示性和历史意义之处，并用经济的语言表达出来。短短 12 行的《井》堪称杰作，而从只有五行的《卖艺者》中，读着也能窥其诗风之一斑："法拉盛图书馆前/一个卖艺老者/把伟大的祖国/拉成了/瞎子阿炳"。辛晔兄有写旧诗的功底，故驾驭语言，最能得心应手。辛晔兄的诗，我觉得是颇能得布莱希特之长的，除了学养，也因为对于时代的感悟，他们正是同途同归。

—— 张宗子，散文家、诗人

诗也摆出了被开瓶的性感姿势（序）

严 力

2017 年我从居住了三年多的西雅图返回纽约后，与众诗友聚会时遇到了在纽约法拉盛图书馆任职了多年的邱辛晔副馆长，得知他之前写了不少年的古体诗，开始写自由体诗也就不到两年。此时，他正和另外几个诗友策划并落实"纽约法拉盛诗歌节"的成立，计划每年一次并有诗来稿的评奖与颁奖及朗诵会，希望我参与。我知道以往海外华人有创办杂志的，但创办华语诗歌节还是第一个，于是就开始了自那以后的合作。我还把于 1987 年在纽约创刊并于 2000 年停刊的《一行》诗刊恢复了，改名为《纽约一行》，与法拉盛诗歌节结为一体。2020 年开始的疫情，加上诗歌节的工作量原因，诗歌节从第三届改为两年一届了，2025 年 4 月将是第五届。之所以每届的时间设定在四月，因为这个月是美国的诗歌月，届时全美图书馆以及各种文学机构都会组织与诗有关的活动，旨在弘扬人类的诗意精神，创造更好的文明环境。

自诗歌节成立以来，我们推出了不少出版物，有关疫情的，有关纽约的，还有把中文诗翻译成英文的项目等等……很多具体工作都是由邱辛晔主持进行的，他对出版的一系列专业知识令我钦佩，当然更多的是对他这个人的认识，我们的很多观念相近，而且都热爱用诗来表达情感与生活价值观。尽管他写自由体诗不久，但是有古体诗的功底，在近十年的时间里就积累出一批我认为可以与人分享的诗，而他在今年腾出不少时间审视了自己这几年来积

I

累的上千首作品，从中选出一百首。我是第一个阅读这批诗的，并以我阅读的感受为他写下几段话：

邱辛晔称自己是在做继承与传播诗意的工作。他说与中国书法对比，不经过十几二十年修炼的，无人敢自称书法家，而自称诗人的则到处都是，他们因急于张扬的欲望而忽略了修炼与反省。他还说在如今手机视频的信息轰炸、自媒体流行、闹哄哄的朋友圈时代，浪漫煽情的自恋四处泛滥，更要对廉价的赞美与肤浅的口号保持警惕。

邱辛晔在其很多诗里审视自己怀揣母语而身处异乡的状态，也就是母语在另一种语言环境里的漂浮感。还有让他不时反省的则是前半生在国内的荒诞经历和上一辈亲人的遭遇，这些痛会时常浮现，因此："我诅咒那个时代，销毁了你写过的每一个字"（见面一致父亲）。他那首名为"井"的诗，一句调侃就还原了曾经的整个荒诞的年代。另一首"指间的时间"，对时间与历史之关系的写法绝对是一首佳作。

邱辛晔这本集子的另一个特点就是记录了这个时代发生的事情，从街头到广告到旅游都给了他用奇特角度记录下来的灵感，我想不管是意识还是潜意识，这与他多年图书馆的工作是有关的，因为人类文明的资料都集中在图书馆和博物馆，他重视书写与文本留存的意义。

话不多说了，用他的一句诗作为结尾："……诗也摆出了被开瓶的性感姿势"，那就开瓶吧，遇到这本集子的读者们。

2024.8.3 于纽约

目　录

2024

2015

父亲逝世三十年祭

曾经的好烟已然不香
一把把药丸只带来下次的绝望
曾经的魁梧，剩了瘦骨
浓眉依旧，却不见了光

病，我与你从无冤仇
那天，你却无情
偷袭了，抽去了家的精神
切断了魂的故乡

爸爸，无声无息就走远了
我怀揣着你的不甘
走得更远
从青年到壮年，渡海飘洋

看哪！爸爸
蓝天为我挂上了星条旗
此刻，我无言
唯有哀伤

(2015.6.16)

绝 色

玻璃窗关闭很严
没有一丝缝隙
我却看见躁动的声音
在製造在乱撞在飞起

老屋的大门已然合上
黑暗挂在白壁
但我听见光翻腾拥挤
搅动雪色月色还有绝色

嘴唇咬得发紫
把门的是一副玉白牙齿
世界于是洞测了烂漫心语
如莲花绽放　一片旖旎

（2015.7）

2016

诗

诗人
在新书发佈会上
说出了写诗的
奥秘

结婚之后
只有汗水和喘息
而诗裡的句子
是恋爱的荷尔蒙和相思

这个时候
他的恋人
就站在对面微笑
她的名字叫妻子

（2016.6.15）

孤烟之后只天涯
水平哈出而满望
明白子鬼烈生重
明莽然莫和起边

指间的时间

我总以为
时间是一根项鍊
串起散落八方的
老旧珍珠

你老于世故地告诉我
时间是一把精细的锉刀
鑽进了我的国度
把记忆磨成粉末

我不知道
顺着手指缝
无情落下的
是珍珠粉还是往事

（2016.7.5）

颜 色

一直以为
在黑白之间
是灰色
那暧昧的颜色

有一天
黑告诉你
白对我说
灰色是黄色，炎黄的黄

（2016.7.11）

一块钱

在法拉盛
满是中文招牌的街道上
有一个老妇人
乞讨一块钱

她说的是英文
有腔有调

她的呼喊真响亮
和小贩的
叫卖此起彼伏

好几年过去了
小贩的吆喝涨价了
她，还是一块钱

（2016.7.24）

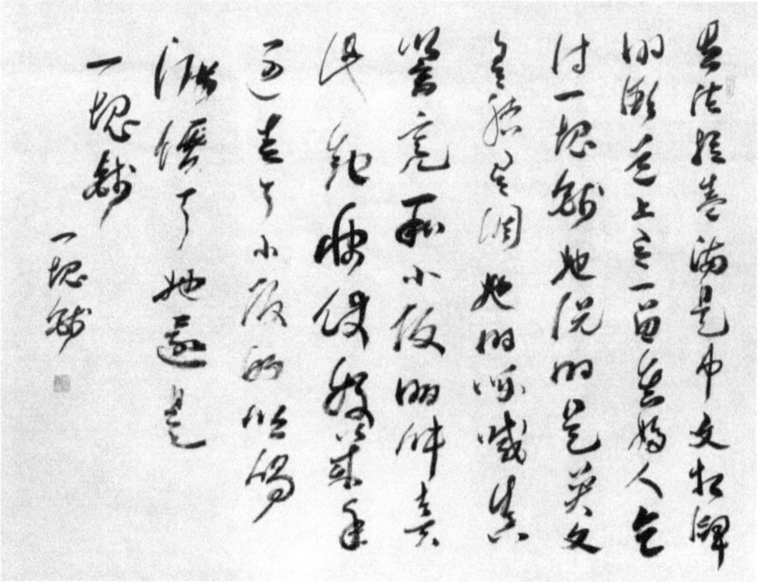

黑珍珠

其实是一滴
黑色的眼泪
在黑暗和冰凉中煎熬
重见天日的那天
是在一个餐桌
还带着满腹的炉火

一位可爱的姐姐
用一副象牙筷子
把我搁在一样洁白的
手指，说
这是一颗美丽珍珠
再黑，也熬出了头

（2016.8.4）

字

一直以为
字是平面的
也没有重量
直到有一天
你告诉我
名词坚实似铁
动词如外硬内柔的钢
而形容词颜色若花
连词闪亮胜过珍珠

字叠出沉甸甸的高山
却能旋转如风
是一道洪流
但温润如玉
一腔炉火
烧出一颗玻璃透明的心

（2016.8.7）

热　度

水花从头顶喷涌
我拧紧了热水阀
依旧有一丝温度
我冲到锅炉房
放掉了所有的热水
顺着髪线和眼帘淌下的
还是温热
直到我擦乾了
裸露的身体
才发现
热度是我的心跳

（2016.8.14）

猫 儿

自从我的一场倾盆大雨
彻底润湿了你的睡床
已经好几些年头了

那年我为你的苍穹
盖上的石头
不经意间染上了青苔
我一直注意石头的形状

还是那样，还是那样！
也许我等不到
石头挪移为一只猫的形象
可我相信你的命比石头更长

*纪念伴随我十六年，包括艰辛岁月的爱猫 Smoky。
（2016.8.20）

河滨公园的秋树

这么挺拔的枝干
即使到了秋风的末后
依旧面向白光
曼哈顿的树
相信语不惊人死不休

这是一堵牆
坚固苍茫饱经了风霜
可每一块岩石
都在叹气
只因为那树黄得出牆

（2016.11.27）

十三行

想学诗很久了
终于下了决心
从绝句开始
渡过了七律

你说，登堂入室了
咱们开始做贵族
写写十四行诗

我装模作样了一个晚上
鸡叫的时候交了作业

你数了三遍，说
才十三行，还是中文
平民百姓就是做不成贵族

差一口气，这是第十三行

（2016.12）

2017

见 面

——致父亲

见面的最好方式是当面
可是你已不在

我看到你而你见不到我
也是一种见面
可是你还是不在

你不在还有白纸黑字
看在眼裡刻在心上
可是你也无痕迹

我诅咒那个时代
销毁了你写过的每一个字
任我天地寻索
见不上你一面

（2017.2.17）

見面跋父親

見面的最好方式
是當面
可是你已不在
我看到你而你見不
到我
也是一種見面
可是你還是不在
你不在還有白紙
黑字
看在眼里刻在心上
可是你也無痕迹
我詛咒那個時代
銷毀了你寫過的
每一個字
任我天地尋索
見不上你一面

戒 指

清晨
妻盛装已毕
找出一枚老戒指
郑重戴上

她抬头看西天，说
今天带着吉儿的奶奶
一起
去毕业典礼

（2017.5.17）

换算时间

整整一天了
我一直在
追踪
我的纽约时间
换算
那里的几点

时间里黑影憧憧
一如迟缓放映的
胶片
静静的流动里有轰鸣
还有人声鼎沸的
寂静

换算明白的时间
切换不出朦胧的历史

（2017.6.4；
2019.2.19 修改）

换算明白的时间
切换不出朦胧的历史

井

画一口深深的井
拍摄一张阴森森的照片
也许，写一首诗
从井台的旧石
直到青苔，和冰凉的水
你说，浪漫的生活就是这样

在我的小时候
井水是冰镇西瓜的秘方
每一次吊篮垂下
我就担心，它
落到地球的另一边
老人说，那是万恶的美国

（2017）

2018

简

今天
最合适用时间*
纪念
时间

三月十四日
定格真的简单
比一声叹息
更加孤单

*《时间简史》作者霍金去世。
（2018.3）

看

我用黑眼珠
看清白的世界

黑向黑暗倒翻的
刹那
眼白抢了
世界的眼球

（2018.3.15）

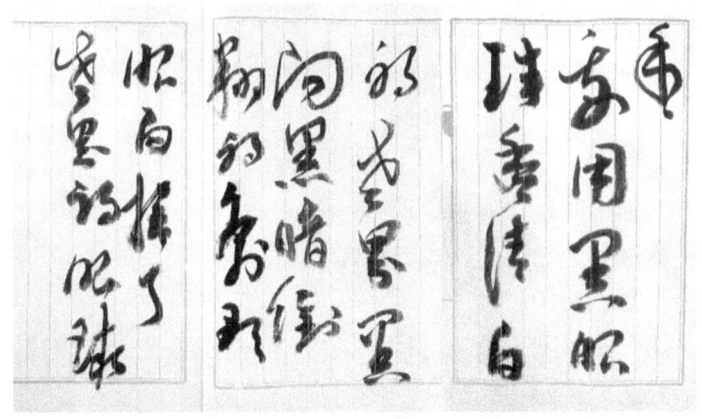

表达的不同方式

风和雨纠缠的时候
雷要打出来

火山爆发的时候
岩浆要流出来

痛恨总统的时候
拳头要握起来

做爱的时候
呻吟要唱出来

挨打受痛的时候
苦难要喊出来

人类发育是进行时
但因不同地点而被迫调整
就像某地的人
在受委屈的时候
怨恨必须咽下去
九肠迴转转出笑脸
并变成迎合的口号
欢呼出来

（2018.5）

表達的不同方式

風和日到臨的時候
雷雲打先生

令山震走的時候
春帶雷涼先生

痛恨挖孔的時候
李彭雪瓊先生

你壘的時候

坤比雷寫先生

指打實病的時候
黃莊雷成先生

人教表音先走這時
但因示圍地點而疲迫

間懸
新條朱地的人
生承屋居的時候

熙怕必須佩六色
九稿迴鶴鶴生瑩編

口譯亥未逢念詩

彭坤生书

关 系

跑步机正对弯曲的太平洋
我把健身房的速率调到每小时三英里
海水打着横向左后方流去
我直线的步伐因而负担起了
海水走偏的份量
在我的远方此刻
一艘游轮朝右缓缓行驶
它，和我脚下的甲板平行
相对速度为零

腿的兴奋不断向前奔跑
但身体不愿移动一寸
除了一次次冲击海水的方向
模拟的深蓝色生命啊
逝者如斯
而我看重的是效彷了 Jo Jo
它已在陆地鱼的游动中永恆
而我还踏着镜面
在笼子的自由裡拼命地奔跑

*Jo Jo，诗人陆地鱼的获奖作品。
（2018.6.9，于海上）

锻炼掌声

掌声是锻炼手的方式
赞美挤入手掌后
再用美妙的声音拍打出来

人类太吝于这样的给予
因此偶然的一次兴奋
手掌就表演了红肿

心愿缺少皮肤的厚度
于是我们选择退缩，或者冷漠
一种和人相处的习惯

来心灵健身房登记吧
训练过的手掌合在一起
能把美丽从心底挤出来

*在邮轮上看老艺人演出有感。
（2018.6）

怀念的语言

每一种表达都出于语言的控制
而潜台词更掌控着
最绵密的心思
比如，父爱如山里
中国老故事演绎沉重的铺垫

但我希望语言翻译机
在数字化时代
有能力打破文化的篱笆
比如仰望阿拉斯加雪山的时候
我看见父亲在寒冷中招手

假如他能活入另一个时间表
他的头髪一定是美国山顶的白雪
身体和苍老的青松一样笔直
那时候，中国故事也许会拥抱
英语的语法和词汇

（2018.6.12 写于阿拉斯加海上；2019.6.15 修改
于乔治亚州萨凡纳，父亲节前一日）

词 性

语言学和人类一直勾结着
人类的历史则分佈于
不同的思维神经
因此用语言变迁表述人类进退
如同外科医生剥开血肉
抵达白森的骨骼

大脑渐渐缩回暗示性失语
变异却进入了活跃期
他们用视频和报纸
控制词彙和语法
他们更发现
跌跌撞撞千百年的语言
竟然能推动社会失序

为使表达思维的词汇
符合一九八四年
这些人决定，在农庄的围栏裡
将语言学推向新高度

除了动词名词形容词副词连接词
製造一类
稳定群众思维的词
敏感词

（2018.6.22；8.20 修改）

中国戏曲复活记

中国戏曲再精彩
在联合国非物质文化遗产帐本上
不过是一个被英语登录的剧场
它被保持着舞台与世界
应有的距离

昨天，在某地戏院裡
一个共和国公民精神失常
冲上了大宋朝
「包青天啊，我给你跪下了
冤枉啊，冤枉！」

肯定是本朝官员的淫威
给了编写者灵感
穿上荒诞剧服装的古戏台啊
就这样奇蹟般地复活了
即使被告不可能在场

（2018.8）

人民武装力量

今天是九一一
第十七年后的第一天
图书馆摆了招工摊位
向亚裔招手

联邦调查局
惩戒局消防队
捷运警察
边境海关巡逻保卫部
还有地检署卫生局
州警海军海上警卫队
······

手枪在男男女女身上
阅读一个新的时代
这是本馆建成后
人民武装力量
最强大的一天

（2018.9.12）

万花筒

在镜湖边的小镇
我拾起了一枝万花筒

小时候我就贪看
筒子里的万象
瘦小的手指
转动出单调日子的异彩

如今我已经看穿
万花筒的秘密
无外乎几块碎玻璃的关系：
排列、组合、投影、折射
加上心思的错觉

但这多么像我人生里
零落的元素：
一个离散人
踩着无法替换的碎片
演绎没有返途的故事

*镜湖，美国北部一小镇的湖
泊。此地曾举办冬季奥运会。
（2018.9.25-28）

一個離散人
踩着无法替換的碎片
演绎没有返途的故事

纽约关键词

我翻阅着一本旧书
名字叫纽约故事
作者是诗人严力
印刷小说的工厂想必破产了

情节在泛黄的纸上片片浮起
偶然有旧世纪
中国水稻穀的碎片
守在有色无香的油墨之间

有时，它填补的是半毫米空白
更多时候盖住了标点
或者落在一个
方块字上面

眼睛翻阅一页又一页
抠去中国的稻谷
发掘出被覆盖的
纽约关键词

（2018.10.5-6；2019.9.26 修改）

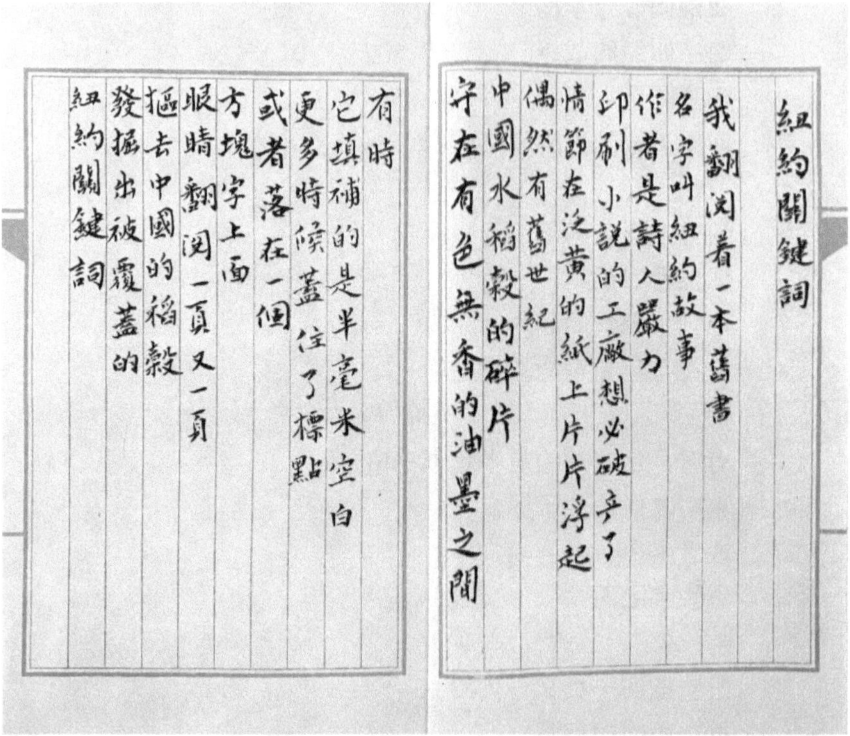
紐約關鍵詞

我翻閱着一本舊書
名字叫紐約故事
作者是詩人嚴力
印刷小説的工廠想必破产了
情節在泛黄的紙上片片浮起
偶然有舊世紀
中國水稻穀的碎片
守在有色無香的油墨之間

有時
它填補的是半毫米空白
更多時候蓋住了標點
或者落在一個
方塊字上面
眼睛翻閱一頁又一頁
摳去中國的稻穀
發掘出被覆蓋的
紐約關鍵詞

多种动物的集体潜意识

哥伦布后的一日
儒雅的州长签署命令
新泽西开放捕杀黑熊
前三天准使弓弩
后三天老式前膛枪得许冒烟
等到了十二月
公权力开放精确猎枪进入密林

法律的箭头磨得锐利
黑火药跃跃欲试
官府与森林
光明地合谋之后
黑熊胆囊的绿色苦汁
积累起了集体潜意识：
焦虑和躲避

这并不仅仅是黑熊的遭遇
举枪的猎人也有被围捕的季节
实际上更多森林之外的群众
在人类的革命思潮中
进化出恐惧的细胞
虽然瞄准他的
不再是弓箭

（2018.10）

诗人的教堂

相约在九二年
不能漏过胸脯上耸立的两座教堂
主教崇拜席位边坐着文学女神
花玻璃反射眼花撩乱的情欲

十六年之后
教堂的钟声撞击砖瓦破碎之音
远道而来的诗人围绕着废墟，寻找
哥林多书陶罐中的珍宝

传言，教宗要访问平壤
此前他将在颓废的牆砖上任命
一位升完国旗的中国主教
为神父祭坛上的男孩做完一次
自责和反省的祷告：
教会，全力对付撒旦！

*读严力小说「相约在九二年」。其中有诗，引用为
第二句。
哥林多后书：我们有这宝贝在瓦器裡，是要显明这极
大的能力是属于神，不是出于我们。
（2018. 10. 10）

文 字

至今为止我的足迹还不出
文字的围墙
手指建造的是平面的
城堡

奇花异草与明亮灯火跳舞
影子在空间自称殿堂
袅袅之声歌唱油墨的味道
我在其中难以自拔

记得进入城堡的那刻
我看见字和字拉手
句句相连蛊惑人心
标点打点着阅读的高潮

为完成立体的想像
我立誓与文字告别
圣坛前话音刚落
就意识到文字尚未定义
是习惯成心理的汉语
还是半路杀出的英文

致命的缺陷
关系到我命运故事的下集
（2018.10）

移民历史

带着九个血色大印
敲入体无完肤身体的声音
我飞入云海
落地彼岸

用了三十年
我穿上了一件
抵御叶落归根的
冰冷盔甲

（2018.11）

把笑留多一秒

同一个大楼工作的人
互相问候，微笑
是办公室空间的平均密度

有时候我笑出了疲倦
就像重复的签字

但笑纹自有它的生命线
延续哪怕一秒
你会遇上
对面的偶然转身，恰好的看见

一隻浮光掠影的蝴蝶
真诚度在瞬间翻倍

＊多年来和各族裔同事相处，偶尔有感。
（2018.11.14）

等 号

大学某女同学
在微信晒高考的历史
证据是
中学笔记本和成绩单

十六岁她就是省文科状元
踏入牌子响亮的政治系
不过承认是一年前的
理科落榜考生

我用玫瑰点赞：
你考出了一个中式学问：
不及格的科学
和堂皇的政治划上了等号

（2018）

拿什么还给你

——致严力「还给你」

拿什么还给你
还给你血气方刚的年龄

本以为说过的话
已经写成了本文
破碎的个人记忆
展览出荒诞的时代
眼睛也重新张开
看见黑暗

实际上雄鸡失去了嗓音
不再有骨头
拿什么吐出来还给你？
可能的兄弟姐妹
在子宫里就刮成了模糊的血肉
拿什么还给亲密的关系
村庄不再是土地
河流游荡着废气
拿什么青山绿水还给你
许多扇门争相许给了别人的锁
房间已经出国
拿什么来还给你
没有母语空间的时代
拿什么还给你
两鬓斑白的呐喊
（2018）

读红楼梦乱弹

1.

人到了空里
忙于种植春色

2.

情色一体
因情而生色
不生动的也出了颜色

3.

情过之后色出走
粉黛后的皱纹
理性看还是亲切

4.

假如没有毁于情色
面对时还能心照不宣
就有了难以言说的默契

5.

心若宁静
偶尔的嗲也是
可以容忍的

6.

只有在文书契约中
情爱才不是定时炸弹
一路沉淀到底

7.

埋炸弹的时候
引信拒绝陪葬
成了尘土

8.

忘记
是最合适的念想

9.

不打开潘朵拉盒子
也是一种恩情
和珍惜

10.

言情小说
原来要推门进去
才看得见风光旖旎

11.

哪裡有什麼读者
是看作者热闹的人

12.

宝玉吃到胭脂就停住了
他不懂那只是盖子
情爱的神经在拧开之后

13.

镜花裡仙子
登高也只是一路走下坡

（2018）

2019

移民的春节

中国新年
在美国的厨房膨胀
但我的眼睛
发现一张
一九六二年的餐桌

我的胃在忙乱中
爬上桌面
扫光了最后一粒米饭后
硬生生把自己生到了
自然灾害的年代

镜　子

历史是一面镜子
他们这样教导

封建社会的镜子昏暗罪恶
半殖民地是有裂缝的镜子
而帝国主义在镜子裡
妖魔在鬼怪
台湾啊
一面深水泡热火烤的镜子

七十年后才知道
他们
为人民放出一面
哈哈镜

（2019.1）

娓娓诺 Vivino

娓娓诺是网上销售红酒的 App
诗人喝进了大数据
一杯又一杯，但最终
还是回到了个人口味的程序

于是就发现了漏瓶之酒
数据立马回到肉体
诗人的口舌是测试灵感的
最好分析仪

决定是多么正确
甚至诗
也摆出了
被开瓶的性感姿势

（2019.2）

赛　跑

年轻时拉出
速度
跑在别人的前面
甚至比自己跑得更快

终点越来越清晰后
长寿的脚决定
把比赛改为对手只有自己的
比慢运动会

（2019.3）

追念的形式

多少年了
上海老家那隻黑猫的命运
从一首短诗的哀伤
曲折成推理小说
并编出电视剧的网红
但这仍不足以解开
传说中九条生命的谜

也许报纸的报导
比文学更接近答案
但我宁愿相信遭遇了假新闻：
猫居然连上了
烤肉串的新疆供应链

之后的某些美国清晨里
我的心情都会拉住一把椅子
一起慢慢地给小院的
松鼠和飞鸟喂食
我带上蓬松的尾巴，飞腾的翅膀
为消失的老黑猫
幻想了九个浪漫主义的情节

（2019 初）

活禽屠宰场

一只野鸽子
向纽约法拉盛
某个活禽屠宰场窥探
它看见许多同类
在拥挤中呻吟
但它们一致认定
野鸽子有偷吃穀粒的嫌疑

呼拉一声
这只野鸽子
飞出解救集中营同胞的独行侠
而笼裡的鸽子惊呼起来
热水锅边宰杀活禽的工人
立刻把表情换成了
看守屠宰场的士兵

（2019 春）

写给天堂的母亲

你收割了所有鲜花
但我的手心还未装满
天上的雨水

我晓得没有一滴雨
漏过十指的缝隙
和我的泪水汇集

雨啊雨不要停歇
我祈求涨满的春水
载得动开往花海的小舟

（2019.5.12 母亲节）

广告的适合性

都市在这个路口
拥挤成十字形
疯癫的红绿灯被归入常见病
救护车是识途老马

电线杆小广告闪烁着
白纸黑字：
「有效期内，墓地九折」

（2019.7.13）

标注心情的乐谱

唱机上的唱片
只能围绕一个轴心转动
每一个纹路释放的音乐强度
根据针头的锐利程度而定

为了听到自己的乐章
必须把圆打破，造就各种形状的碎片
既有的厚度和纹路
按照思想的角度，重新切片
有的重构大脑，有的合成心脏
再组成强大的胃和丰满的肌肉

随意植入的骨骼
最符合上帝造人的本意
一旦手舞足蹈
足以标注上表达心情的乐谱
即使头髮灰白了，也要用上造型的黑胶

自己身体开的一场音乐会
除了紫色的温柔和浪漫
空气裡难免飞舞着黑色的
匕首。斧头。狼牙棒

人体和世界
用自由的节奏去
彼此破碎和重组
构成一场立体而有重量的交响乐

*观赏了严力的一个艺术作品后的感想。
（2018.6.14；8.22 修改）

生　命

闭关卵子的通道
和开放子宫的空间
是一个公章的艺术变脸
同一只拳头
一前一后地
敲在人民的生殖器上

（2018.8）

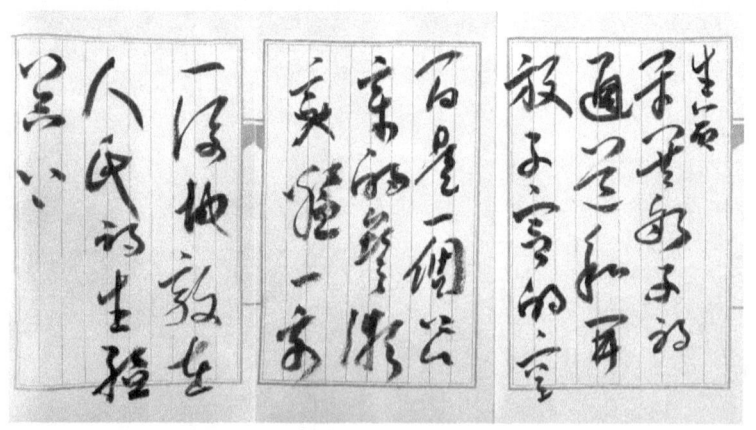

先走一步

——用严力同题诗名

后院的小麻雀为了生存
不得不与体型更大的蓝松鸦
争夺食物
这个行为令翅膀飞出了
进化的第一步

这一步也飞入了我的担忧：
或许某一天麻雀决定
直接进步到老鹰的身体里
将给它喂食的我
直接献给仪式崇高的天葬

但人类并不谦虚
实际上也已先走了大大的一步
在笼子住出等级
武器加大力度之后
更进化出默认黑色二维码的视网膜

这一步比翅膀更多了好几层
如何拐弯的生存需求

（2019.7.28-29；8-10月修改）

信仰现象

一头非洲大象
在偷猎者的枪弹下
活成了洁白的象牙
象牙顺着工匠的刀锋
坐出一尊佛像

被交易为商品的菩萨
每天听着阿弥陀佛
我不确定坐在象牙中的观音
是否还在为大象超度
或者替买卖人的良心念经转运

（2019.8.15-28）

脚 步

步行跨进手机
加法链接了心脏动脉
即使倒着走
也在为健康支付增值税

但被软件监视的步行
缺乏把数字编成经历的才华
也无法辨别手机上
每一步的目标和方向
是走上红地毯还是在工地搬砖
是在旅途或亡命的绝路

不过手机迟早会发现
历史的两脚
只在跑步器的原地
留下打磨血汗的脚印
它的步伐一如钟摆
还没跨过文明的第一道栏

（2019.10.25-29）

语　言

行为是舞台的动作
是人和动物
保存起来对付敌人的基因
即使人类进化到和宠物作伴
仍然有理由鄙视狗吠狼嚎
因为除了撕咬
它们的争吵语音含煳
更不用说对猎人说清楚
活命的普世价值

而唯有人类申请到了语言的专利
捡起了通天塔下半块残瓦
他们再次用翻译接上了
联合国的梯子
假如，假如语言能避免
下一场战争和屠杀
也许上帝愿意和人类再赌一把
可惜在这个国
注册会员必备资格是
言语比箭头更快
其锋利胜过刀剑

（2019.11）

2020

盲 肠

信息大餐的格局
撑伤了人类的胃口
被送入电子屏幕牆壁的病房后
美国的病人营养早餐叫推特
而华人更期待微信朋友圈的滋补

医生决定用价值观的刀
切割被现代化堵塞的胃
虽然他知道
人类的病灶位于
进化到大脑里
名叫进步的盲肠

（2020.1.3； 2021.1.23 修改）

信息大浪的格局撑傷了人類的胃
口被送入電子屏幕墙壁的病
房後美國的病人營养平洽
州堆特白華人更期待激信
姐友圈的滋補當主決定用
便便觀的刀切割披現代化墙
塞的胃堆然他知道人類的病
灶信於進化到大腦裏名叫
進步的盲腸

盲腸甲辰秋辛群书

病 毒

医学专家作证
白日梦是人类行为程序中的
一种原发性病毒
患者通常向自己植入过
一份电子邮件
主题是"如何在白天装睡"

（2020.1.3-10）

希 望

昨天还在期待「人民的希望」
诗歌铺天盖地
呼喊人民坚强
但天还没有亮
你就失去了最后的希望！

你呼唤人民却被训诫
你抢救人命但已死去
活着的人凭一张嘴活着
因为吐出谎言
因为删除真相

悲哀的天使吸入了中世纪的空气
那就走吧，走吧
愿你的灵魂跨过红海
在以色列的芳草地安息
不再受制于法老的埃及

*纪念李文亮医生。
（2020.2.6，纽约）

清 明

病毒有其自己的社交距离
在拥挤中製造一个筛子
过滤人群中的弱者

病毒带动死亡的频率
数字被烧成灰烬
并把清明归入王冠之下

生者和墓碑的距离
第一次比石碑更薄
但青草继续与黄泉保持六尺

（2020.4）

生　日

八月某一天
在美国的第三十个生日
我突然发现
从未出国的妈妈
在美国一天天烂下去的年代
把我生在了
七月四日

中国农历上
飘起一面星条旗

（2020.8）

墓园对话

我本来是这样想的
你来路上的惊涛骇浪
令手中的鲜花对埋葬绽放着
一朵朵叹息

如今压紧的泥土则提醒我
该向所有的死者祝贺
你们不再为价值观的混乱惊梦
不再受困于时代
国籍也回归了黄泉

墓园的寒风
吹拂出后人的羡慕
未来的落叶
飘下一行诗句给墓碑
幸运的你啊
享有了半生的平安
而我们的所有白天
都沉沦于黑夜

（2020.8，美国艰难的日子里）

喂养价值观

和它交手次数越来越多
我依然不确定
价值观是贴近灵魂
还是更依附于肉身
例子不断证明
价值观是要不断喂养的
在平顺的岁月里
营养来自文艺和历史
而混乱时代的滋补
扭不过人性这副配料
有人突破人性的底线
为价值观充值
有人则以人性
做了价值观的燔祭

（2020.10）

大字报

康乃尔的一项医学研究称
川普是多数新冠亡灵的源头
某位心理学家接着写了一张大字报
揭发美国总统杀死了
二十万人
2016年投票给他的选民
是潜在集体性犯罪的同谋
他警告
2020年的选票上
有一个选项
叫做自觉参与集体谋杀

读大字报的群众表示
这是左派知识份子装逼的范例

（2020.10.3）

选 票

从枪杆子裡面出政权
到票选统治权
只经过轻轻的一片纸
枪弹被放在了身后
他们答覆神说：
文明又毕业了一次

实际上选票早就被
涂上了厚重的利益油腻
它勾兑出了
乌克兰
白俄罗斯
委内瑞拉
······
并打印出 2020 魔鬼的
美克兰

（2020.11）

顿 悟

一个人走进去
走出来
又一个人走进去
走出来
表情严肃着进进出出

每个人相信
他做完了
没想过那或是
空炮，或是被
调包

我不是在讲述妓院
或人工授精诊所的故事

（2020.11）

出埃及记

我以为出了埃及
但文明以自己的方式证明
法老如影相随
只不过古埃及的衣钵
挂上了现代化的锁

其实摩西带领以色列人
一直在逃亡的路上
而中国移民有理由说
他已经见了法老
两次

我后来才明白
法老就是人心
人类逃不出慾望的埃及
无论它在何处
而世界只有暂时的摩西

（2020.11）

2021

祝福的可能性

祝福是今晚的流行语
在心上打了漩涡后
向八方发出了正能量的交流电
涌回来的热情
冲向我的蓄电板
与我一起孕育快乐的溷合动力

但我不保证
朋友的朋友也是朋友
更不保证
一个祝福不会检举另一个祝福
至于喝醉了的争辩
一定会爆发各种酒杯的立场

这个观念对立的时代啊
没有一种电能点亮所有的灯

（2021 元旦）

寿命交换所

我家的四壁与华尔街铜牛
直线距离不超过十英里
这令我对交易所有一种
莫名其妙的亲近感
而新冠病毒更激发出
生命作为商品价值的谬想

我假想为寿命挂牌上市
活腻的与其白白放弃
多余的岁月不妨卖给求生者
濒死者也许能在他人的废品里
找到起死回生的灵丹
至于死后能换到什麼
如何消费兑现的股票
我还不得而知
商品总有办法标对了
自己的价格
而寿命推上期货市场的想法
已经在酝酿自己了

（2021.1.14）

我不再失望

我不再失望
光明燃烧后被黑暗吞噬
那亮点只剩下
眼瞳的一寸反光

我不再失望
甜梦被暴风雨惊醒
其实骇浪一直在翻腾
只不过痴梦拥抱的热量太强

我不再失望
诚实的言语原来是
心机巧思的廉价装潢
利益发育出完整的大脑盲场

我不再失望
人类最初本来如此
亚当夏娃的蛇繁衍了千年
孙猴子跳不出如来佛手掌

我不再失望
飢饿与血腥从枪杆子
一路追踪到网路和选票
历史苍老出了一个小姑娘

我不再失望
从杜甫陈寅恪到肖斯塔科维奇
颠簸与折磨的人性基因
在制度中屡屡粉墨登场

我不再失望
比赵高更高的鹿进化成了马
瞎子从聋哑获得营业执照
为灯塔开具领航的药方

我不再失望
虚伪是人类自己的掘墓人
狂热信仰的点火器
一直躲在奥斯威辛的炉膛

我不再失望
不再为发现失望的心情失望
被一粒灰尘抬起的手
如何收拾大厦破碎的绝望

我不再失望
失望用尽了燃烧失望的能量
身体的黑洞还将塌陷
瞳孔收缩着摸寻黑夜的余光

（2021.1.16）

人 生

我必须为我丰富的人生喝彩

反右运动没有轮到
文革十年还年幼
开放后出了埃及

但美国的老天爷
定意为我的花甲补课

人类历史从东西两边
挤压了我的个人史

（2021.1）

血 栓

下午带岳母去诊所
她腿上的血栓堵住了静脉

候诊室内电视播放着现场秀
美国人民大团结万岁
一个老人拉着白宫颤巍巍高呼
候诊的病人翻译说，约等于
中国人民从此站起来了

医学打断了乱想
护士小姐一个接着一个叫道：
张三李四
王五赵六

我们需要健康团结一致*
人民堵塞的血管裡
积累了所有大人物的吆喝
一个大手术的病人叫吆喝

*语出诗人严力
（2021.1.21）

拿错剧本

在手机打出缅甸
便自动跟出军政府三个字
历史在文字中潜伏后
就预见未来了

也确实如此
民主领袖翁山苏姬
被军人关押
理由是操纵选举
刚踏入白宫的总统
立即发布声明：
军人必须尊重
民主选举的结果

舞台的演员常常
拿错剧本

（2021.2）

家庭神话

儿子经历了一些事情
但处理得很大气
妻子说
这是她的功劳
因为在他出生后不久
床铺就从婴儿摇篮
转到了五尺半的大床
「睡大床长大的男孩子
有胸襟和气度」

难怪美国床的最大尺寸
被命名为国王

（2021.2）

快过期了

人类还没有来得及
跑进九秒的百米文明
赛场的弯道上
就再次挖掘出了
三星堆的疑团
是谁在为逃脱进化论
喧嚣慌张
已经不再重要

只是宇宙与人类签订的那份
临时工合约
快过期了

*「一百米」，严力的一首代表作
（2021.3）

发 情

春来了
野兽的发情扩展了原野
宠物的笙歌也在驯服中骚动
自称为人类的物种
在情绪的笼子里
把撞击体内栅栏的声响
当作了文明的动静

如此这般的无奈
也一次次打开了许多人

体外的诗篇
四月正逢适合撒野
这些朗诵出来的四肢
甚至舞出了
发情的价格

（2021.4）

感 染

一个感染的时代中
病毒如同恶习
上身很容易

美好的东西却很难传染
唯一的办法是
打一针叫诗的疫苗

疫 情

为自己的声音谱上
正义凛然曲调
作曲家的爱国蝌蚪
从五线谱的一头游到另一尽头

她的音乐会高潮不断
直到有一把乐器跑了调：
我不敢打国产疫苗
不知道如何才好

恐惧注入血管后
迷人的抒情曲
爆发了群魔乱舞的疫情

（2021.5）

秘 方

秦王朝的长城
围困出中国的第一圈版图
此前不久
一个叫楚的国
抵抗了几十年秦国战车
贡献了一个歌吟的贵族

两千年后的臣民
不肯放过汨罗江的滋味
舌尖裹了他的国
但滔滔江水调製不出
治疗民族精神分裂的秘方

（2021.6）

找回婴儿时代

在长岛好又多购物
满架子婴儿配方奶粉
我的眼睛先吃到了广告
「堪比母乳」

我蹲下身子
寻找一个婴儿的六十年代

（2021.10）

精神病人

我对医院一直存有敬畏
亲切是不可能的
但想到它把健康招呼回来的本领
我就臣服了
这也包括不多的精神病院

但最近的心情在变为恐惧
因为权威正在把医生培训为
精神科专家
大街上的精神病人
诊断很简单
说自己是正常人
就是精神病发作了

在所有的疾病中
精神病是最懂得政治的

（2021.12.23）

郁　闷

新冠再次把地球动员起来了
它变一个种
亚非拉美就变了色

就在我郁闷的那天
一个天文学家告诉地球
太阳寿命没那么长
五十亿年就会内卷塌陷
金星木星随之毁灭
地球一片黑暗
人类从此冻死

我又郁闷了一次
但不知道郁闷放在哪一边
更加正确

（2021.12）

2022

这个年代

这是女人的年代
更是中国女人的奇迹年代
这是被贩卖的少女
和铁鍊开出结婚证并养儿育女的年代
也是狂奔的脚
把阴性踢进冠军宝座的年代
这是愤怒和欢呼换位的年代
是被劫持的身体
敲掉牙齿敲不了精神病的年代
这是女人把自己的身体踢圆了
却甩不掉狗链的年代

（2022.2）

一票的价格

联合国的民主程序
规定了一个国家只有一票
每一票有同样的价值
但一票也投出国家的市场价格

有出价就好办了
接下来就谈谈生意

如果公民的一票也有价值
他就在尊严的市场有了
讨价还价的权利
实际上他还有了让哪一个市场
开张的权力

（2022.2）

"诗人"

语言不跑马拉松
不跨越百米高栏
语言不从高台跳水
或者玩足球
但写着诗的人
习惯了把自己当成选手
在为自己颁发了一面金牌后
开始筹办下一届世界杯
邀请更多人为他升旗

（2022.5）

品酒指南

封闭了一个多月
康乃馨只能在上海的内心
自我奔放
但居委会说
再隐蔽也要献给白衣卫士
而我则读出了
刚入市的品酒指南：
2022 的白
酿出了 1966 的红醇

（2022.5）

始 终

小黑小白是外婆的眼神接回家的
那时他们才出生两天
长大后从来不跳上外婆的小床
但今天他们没有商量
就窝在上面默默安睡

小黑小白的眼里有忧伤
我用力看他们的眼睛
也许里面收录着外婆
跌倒的瞬间

想到最后的时刻
二小在惊慌中陪伴外婆
心酸有了些许安慰
把它们紧紧抱在胸前

*岳母于美国独立日后一日骤然离世。
（2022.7.6）

乞讨也长大了

法拉盛吆喝的一块钱
这几年用完了

那年怀抱婴儿的妇人
还坐在原地
她身边站着一个小姑娘

乞讨也长大了

（2022.10）

买买买

马斯克买下推特
开除高管　退出了股市
一些名牌账号被解封了
马斯克还放言买下中国版
以及国际版的抖音

有钱真太他妈的牛
那就买买买吧
我发出一个推特
建议他买下共产主义
买下专制
载着那些信徒和红粉
发射到比火星更远的星球

（2022.10）

卖艺者

法拉盛图书馆前
一个卖艺老者
把伟大的祖国
拉成了
瞎子阿炳

（2022.10）

读《严力诗 100 首》，致诗人

我是从诗句中认识严力的
读到一百首后
诗句斟满了干杯
意象吐自雪茄的烟花
友情是晚宴的硬菜
而决不缺席的饺子则落到了
诗眼的位置
没有哪一次
威士忌不嚼几片口香糖
盘旋的智性
因此也有了性感的身段

第二天早上
风依旧在阳光里穿行
我在五谷杂粮的陪伴下
阅读第一百零一篇
调色板出其不意的眨眼
词语锤击出一串串星星
幸福在纽约也有了
阳光灿烂的日子

*"阳光灿烂的日子"，一部描述
北京机关大院生活的电视片。
（2022.11.20）

写给 2022 年木心纪念日

风啊水啊一顶桥
就揭开了两个谜底
民国犹存着魏晋风度
美国也坏不到哪里

乌镇公子
回归幽幽窗棂深处
雪下完八十遍矣
但最好的中段被涂黑了

林肯的鼓声还在敲击
汉语的爵士乐
谵妄延绵
明天你不再散步

哦 雪在这沉重的黑夜纷飞了
天国渐露你有一角
还是开心起来吧
从今之后这天只为你庆生

（2022.12）

这届世界杯

唯一绿色的人类战场
落点不断但没有硝烟
还激动出一阵接一阵的高潮
击中目标后
胜利中滚出软网兜着的皮球

是啊　总不能每隔四年就
来一场世界大战
但足球只能踢走大部分杀戮
更多的爆炸还在以血肉
解释着当下的文明

（2022.12）

2023

落实政策

政策落实了政策后
批斗中断了口号
铁棍把血迹收入兵库
红袖章打包快递新染坊备用
冷漠则继续围观
诗人最后一次清理完
三百工友的便桶

乌镇王子的伤痕
披上了风衣
戴好一顶礼帽
返回熙熙之大街
散步还路过了昨晚的
一个个袖章
一双双眼睛

明天不散步了
诚觉世事皆可原谅

（2023.3.2）

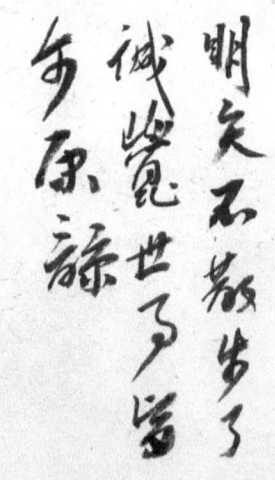

海

一片海是所有海的兄弟
但地球顽固着旋转的本性
于是
一波不服一波
浪与浪作战
在黑海
在阿拉伯海
在南海
在波罗的海
凌空三尺海浪尽情扫射

一朵接一朵
撞击成粉碎的
白色花朵
在惨烈的内战中
为曾经共享的低度和平
殉难

（2023.4）

社安局来信

赶在下一个生日前
社会安全局寄来了一封信
邮票背后的表格提醒我
生命的标价
不仅是琐碎的鬓霜

一张薄纸列出了
三十三年中纳税的明细账
支付给时间的岁月
和社安金一起
缓慢爬升

我请信件坐进初夏的柳树
一样的风曾是苦寒之吹
池塘粼粼细波再广阔
也无法模彷我的额头皱纹
更像我更是我

（2023.5.14）

水深火热

很多事件都能被关进这句成语
问题是有的地区
把这四个字上了锁
情节只进不出
于是火热和水深各自越狱至我的诗中：
加拿大山火飘成了纽约的灰
涿州的渺水则捍卫了京城

*东西方的气候演绎自然和政治的故事。
（2023.8.5）

翻 转

海外汉语文学最后的晚餐
就要收拾桌子洗盘子了
带着母语留洋的末代
不免自伤自怨

但今天的剧情有了翻转
两个被捕的华裔美军
给文学上了一课：
华二代能出间谍
为什么不能诞生汉语诗人？

（2023.8.7）

内 伤

折磨膝盖的伤还住在痛里
我不得不依赖护膝的遮庇
养成了习惯之后
膝盖在护膝的殖民地
忘掉了
自己的权力

一位时髦女郎
牛仔裤挖掘的露膝大洞
令膝盖唤醒了沉睡已久的冲动
内伤跳出来
用自身的暴力重新划分
封锁肉体的文化边界

（2023.10.18）

高 潮

除非愿意翻车
豪情万丈只能在轨道上折腾
实际上你是枕木和螺帽
而不是车头
因此
决没有出轨的可能性

下一班长岛火车还未穿越
透过铁路桥的落网
我看见循规落市的夕阳
正朝着
西方
上演跌落海水的高潮

（2023.10）

2024

手术台上的汉语

挑选了感恩节
一个叫不删诗的微信平台
发布了严力的诗论和
三十首经典
重磅中不乏这几年
贯过双耳的炸雷
和点亮我眼睛的火花

为避开敏感词的铁链
诗的雷火变成新天空的风景
比如用 H 代表「轰 」
因为跟着的「炸」太危险了
S 竟然扭出了「上」
原来上帝也得靠暗示在汉语活着
「墙」是阿 Q
广之「场」一哈腰厥出个 C
毕竟这两个词
暗藏了太多现代版中式血泪
即使留着本尊也须化妆一番
因此「龙」鬓涂了黑墨
「世贸大厦」被切割成三块
毕竟美丽国物业太敏感了

在畸形里我更看见
送汉语上手术台是一种
行为艺术
它为严力的诊断提出证明：
不用一个敏感词的诗浪费了题材
而被别人的手断送了己见
则是用了太多的真材实料

（2024.1）

一 刻

套上昨晚的袜子
旧鞋带绑紧一些免得拖沓
踩一脚刹车
为开了十年的座驾点火
这多么寻常
就和昨天一样
明天，也会如此吧
日子不见什么新鲜的花样
无波澜但还在流动

就是这寻常不可忘却
正如身体的器官
你不会想念
除非它们磕碰出了状况
就像我的一位邻居
每天遛狗走同样的路
打招呼同一个哈喽
但心脏病把他卡到一个点上

现在的我是我最重要的时刻
若心念驾驭身体的船
享受每一刻
巨大的风浪也会轻盈起来

(2024. 2)

我的老房子

修补敲打着同一个的频率
拼花地板收藏了自己九十年

蒂芬妮大玻璃窗的名声
继续面朝东南
晨光按住米色的牆
投射罗斯福时代的今日花窗

十三格陡峭的楼梯
用顽强的角度撑住二楼后
聆听时间从
奔跑到拖沓的呼吸

大门油漆重重迭迭
咖啡色后渗出前朝的微光
一把锁则守住了旧主人
几十年味道

横梁上的疤痕默默俯瞰
静止中生命的奔流
喝惯咖啡的老故事
第一次闻到绿茶的香味
一隻凝视着另一只
猫儿正穿过新与旧的屏幕

*木心对曹立伟说："新东西是死的，旧的是活的，
通人的。"（2024.2）

生命的关键部位

女人的
乳房
鼓起了喂养两岸的浩浩长江
女人的子宫
垒起生命最初的安乐窝
而男人
运送精子的前列腺激流
堪比为摩西分合的红海巨浪

然而
生命关键部位的后戏
常常以扭曲与变异
掀起另一种潜伏的高潮
它在男女都不擅长编辑的
剧本之外

（2024.3-4）

2024 年 4 月 8 日 日全食

一

科学的预言
并不比诗更精确
至少这次纽约的观察点
没有象征出
恶政遭遇了天谴

二

太阳是最高级的黑
我盼望瞬间的展示
也给文学带来异样的幸福感

朝天的脸等候再等候
猫不惊慌
鸟不乱飞
乌云的橡皮
没擦掉阳光的涂鸦
NASA 网最性感的留言是：
刚开始还是完事了？

不 是

不是每个人把年轻跑道的终线
跑成了新故乡的发令枪

不是每个生命能同时
见证中世纪文艺复兴和现代

不是每一次狂奔得跳跃高栏
背后还有追击的杀手

不是每个生命周期
遭遇致命的伏击

正如

不是每个流散人在人群中
找到了两鬓斑白的朋友

不是每个小镇的街头
十个艺人竞赛歌喉

不是每个中国城在
转角烧烤的浓烟里咳嗽

更不是每一本美国人口统计簿
涂满了简体繁体的汉字

而我

三十年的命运地图
一直在为这不是
删去一个
不

（2024.6）

孤星时刻

政治舞台上再次扣响
扳机里的仇恨
高举手臂的法国女神
切换出新世纪美国英雄
黑暗时刻的混乱画笔
完成了唯有
大艺术家能趋圆满的构图

这更是一次
神圣的行为艺术：
化为子弹的鞭子
呼啸而过后
他那祷告后的血迹划出了十字架
并用白色纱布为美国星条旗
添加了一颗孤星

*鞭子：罗马总督比多拉的士兵抽打十字架上的耶稣。
（2024.7.14-17）

后　记

2024 年盛夏，严力说，他为第 15 期《纽约一行》纸刊设计一个栏目，编辑部与诗人问答。这些提问，涉及了诗歌创作的核心，诗人的定位等。作为现代诗坛的健将和常青树，严力提出这些问题，并以此邀请诗人沟通、分享，绝非一件轻描淡写的事。严力说，你也来"答题"。我真正写现代诗，是在这十年。尤其是后几年，和严力一起办诗歌杂志、诗歌节，接触日多、耳濡目染之后。他对诗歌的理解、对艺术的见解，特别是他独具风格的智性诗，对我有很大的影响。因此，我欣然领命，回答了九个问题。下面就是"问答"：

1：你在诗创作过程中有哪些可以与他人分享的经验？

写诗需要灵感和耐心：灵感是对生活、生命的观察和思考的回报；但更要压住立即发表的欲望。修改不仅是文字的打磨、句子的重组，还是思维的刷新。

写诗是和他人分享审美经验，因此是需要学习才能获得的能力。这个和学习书法是一样的：在自创前，应该广泛读帖、临摹，逐渐找到自己感到舒服的方式。拿起笔就是书法家或者提笔即是诗人，天才之外几无可能。遗憾的是，很多人认为写诗是一种本能，诗人易为（但没有谁敢不学习而自称书法家）。

2：当有人尤其是行内的人评价你的诗写得很差或不尽人意时，你是如何反应的？

旁人提供了"第三只眼"。如果这只眼来自高明的诗人，那就是黄金眼。而且大多因为有黄金心：真诚的人不为廉价的赞语买单。能听进别人的批评，是个人修炼也是提高的途径。当然，这两

123

个观点的前提是，不要把诗像超市的青菜萝卜一样随意给人评判。找对评论者，也是一种审美能力。

3：如何看待当今手机视频以及自媒体的传播与纸刊的差异？

数字媒体攻入了人性软弱的城堡，不等于能坚守长驻。纸媒为人类文明留下记录数千年了，而且以具像呈现，它的阵地虽然老旧了但靠得住。此外，数字媒体牵着人走，而纸媒是被人牵着的，人有阅读的主动性。其关系因而是一种正常的人之为主体。所谓现代性，人是第一要素。这一点上，似乎手机和自媒体倒正以其魔性颠覆现代性。

4：诗凭借什么优于其他书写形式？

相比其他文学类别，诗的体量最小，因此是文字尖尖上的工程。能炼金的，炼铁就不在话下了。

5：诗对每一个语种的传承与发展起到了什么作用？

一种文字的千锤百炼，在诗最能体现。语不惊人死不休，只能在诗中；如果长篇小说也有此要求，将是不可能的任务——对作品和作家。

6：随着你创作的多年持续与深入，你对诗歌奖与稿费所持的态度有何改变，为什么？

与艺术品相比，文学的价格是极低的；在文学作品中，诗的价值和价格最不成比例。此亦其高贵之处。诗歌奖和稿费应看作对诗人认可的一种象征，而不是为诗歌贴上价格的标签。

7：你认为诗朗诵是一种表演形式吗？

不是每一首好诗都适合读和听的。由于其形式，文字的微妙，大多数诗，看（阅读）是更佳途径。而适合读和听的诗，由诗人本人朗读，更有"诗"意。诗通常不是表演的好脚本。朗诵家再成功，也是完成了一项表演，观众的注意点是在表演者，诗倒成了配角。

8：大家都知道诗的广泛传播需要被翻译成其他语种，你觉得人工智能替代这项工作吗？

人工智能再多快好省，它也是翻译者中的一位，提供一种文本。如果目的是翻译诗的内容，人工智能可基本信赖；如果把诗作为一种艺术，其翻译恐怕不具个性和弹性。因为它求"真实"，而艺术的创造远不止于真实。

9：你是如何选择和滋养某种诗歌写作风格的？你如何看待风格与思维及表达的关系？

诗歌风格是写作者的选择，涉及到他之"意愿"和"能否"。前者是天空，后者是大地。理论上说，任何一种思维、感情，能用任何一种语言风格来呈现。但在技术上，还是有适合性。换言之，某种想法确实有更佳、最佳的诗歌风格来诠释。这犹如长枪和手枪的用途不太相同，一般人在特定场合只能用其一。但也不排除伟大的枪手，用手枪也能当狙击手，使用长枪还能在狭窄的空间抽身玩出花样。

我早期的现代诗偏于抒情，放有余而收不足；近几年关注智性诗，较符合自己的个性特征，常学习用诗挖掘理性和哲理的思维。如何在后者融入更多的、恰当的个性化，在个人感性的层面之下触及人性的普遍性，予理性以绿色生机，是今后写诗要多考虑的。

写这些"答题"时，我刚整理完这本自选诗集。因此，写诗的思绪恰好找到了归纳的落点。这里选的 100 首，最早的写于 2015 年。实际上翻阅旧稿，还有落款 2009 年的，但以现在的眼光，觉得很不够格。也许，眼高，也算是这几年写诗而得之一个进步吧。

在十年积累的作品中选出 100 首，首先是一个自我批评和淘汰，包括切割"自恋"的过程。诗，既是灵感的也是打磨的结果。有些作品当时看，尚能过眼，但经不起沉淀；有些则提供了一个反复修改的文本。本集入选之诗，多有数次修改，编入时以新创作的心态再度审视，虽然落款时间大多依照初稿；有些"落选"作品本有潜力呈现得更好些，但精力不够，未能再作改进，或待将来吧。

选诗更给了我一个检视过往写诗体验的机会，尤其是对写作风格的探索。风格与题材有内在关系，实际上更和一个诗人的性格、思维方式有关。某一个现象尤其引起了作者的关注，与作者的价值观是有联系的；此题材的表述方式，则与其思维特性有关。夸张一些，可以说"风格即人"，虽然其间并非严格的逻辑关系。一个诗人最后"青睐"的风格，是他个性、感性、思维方式乃至价值观的投射。

诗歌是艺术，因此对某种风格的偏好，与其说是理性和逻辑的，毋宁是一件感性的事。近年来我阅读、研究、学习严力的智性诗，便是源于对自己的认知。因于中国文学专业出身，我对现代诗歌历史略有了解。置于中国现代诗长河的背景，严力是持久而厚重的波浪，融汇世界诗歌的大海，从容不迫。我偏向理性思考和批判性思维、对事好寻根问底；我以追求汉语文字表达的精致为目标，言语不乏冷峻的幽默和反讽。严力的诗，因而每每予我以灵感和启示。从这本诗集于近几年的作品入选更多，可见我以智性诗为标杆的审美理解和努力。许多作品的题材，关乎个人史和当代史，是关于从六十年代的中国，到当下的美国的个人感受和记录。因此颇有痛苦的批判和批判的痛苦落于字里行间。这一美学精神，于思考个人人生、生命，以及扩散之于宇宙、人类，乃至怀亲，当有贯彻。我也选入了一些不同风格的诗，为诗绪、呈现与风格的关系和可能性，留下另一种我之角度的见证。

此外，我选了几首诗，以及诗中的句子，用毛笔抄写。从某个维度而言，以"书法"体现现代诗，提供了审美的新方式。我是在"新冠元年"开始习字的，书法和中国古体诗词之间的气场相通而一贯，这样的气场能否在现代诗中自然自由，答案尚不肯定。现代诗落于纸墨，较之我书写古体诗，似乎缺少某种内在通感。如果也是从风格论，也许超越文本的线条、节奏，是另一种潜力，但我尚不能致之。因此，这些书写只能是一种稚涩的尝试。

正如我在第九答中所说，智性诗涵量深广，绝非单纯的说理诗。实际上其最难者，即理性思维在充沛的感性与感情中展开，达到哲学和艺术互相支撑、对接合一的境界，如一座庄严而抒情的拱门*。于我而言，智性诗的美学是一条没有边际的审美追寻之路。严力独特的诗歌风格，于我只能用"高山仰止，景行行止"来形容，若能藉些微创作而记录自己的思考和美感，并和读者分享，那么，走多远、多久，是不需要置于心上的。

严力在序言中说，既然诗也摆出了被开瓶的性感姿势，遇见这本集子的读者请开瓶吧。为自己的诗集写几句话，即使是说明和诠释的叙述，也可以是性感的、愉快的。如果你读完了100首后，继续翻阅到这篇后记，那么，希望关于诗歌的这些话，也带来了阅读的性感。

*借用童明《拱门：木心风格的意义》中"拱门"一词。作者说：思想和艺术是一种隐性的拱门。

——邱辛晔，2024.8